AF211099

Michael Fuchs

In fahlem Licht

getränkte Worte

1.Auflage,2023

© Alle Rechte und Verwertungsrechte sind vorbehalten, liegen ausschließlich beim Autor Michael Fuchs.

Wiedergabe auf elektronischen, fotomechanischen oder ähnlichen Wegen, inklusive Internet - auch auszugsweise – nur mit Genehmigung des Autors Michael Fuchs.

Michael Fuchs

In fahlem Licht

getränkte Worte

Lyrik & Prosa 83 Gedichte

Bibliografische Information der Deutschen Nationalbibliothek:
Die Deutsche Nationalbibliothek verzeichnet diese Publikation in der Deutschen Nationalbibliografie; detaillierte bibliografische Daten sind im Internet über http://dnb.dnb.de abrufbar.

© 2023 Michael Fuchs

Cover, Buchgestaltung und Texte Michael Fuchs

Illustrationen Anne Reiß

Images freepik

Korrektur und Endkontrolle

Ulrike Fuchs

Andrea Nieswand

Herstellung und Verlag: BoD – Books on Demand, Norderstedt

ISBN: 9783757810207

Das etwas andere
Gedichtebuch

Michael Fuchs, geboren am 11.04.1964 in Castrop- Rauxel, im Herzen des Ruhrgebietes.

In den folgenden 45 Jahren lebte er in Trier, der wunderschönen Moselmetropole.

Seit 2018 lebt er nun an der Bergstraße und lässt sich dort in dieser Ruhe von der wunderschönen Landschaft inspirieren.

Seine Lyrik und Prosa stellt sich dem Leben und erschafft neue Welten, frei ohne Grenzen.

Lyrik bewegt uns in jegliche Richtung.

Er malt ein Bild mit Worten.

Morgengrauen

Und wenn alles Ende

nicht das Ende ist

wird es Tage der Erinnerung geben

Stunden der Reue

Stimmen

die flüstern

zwischen sich windenden Gedanken

im Morgengrauen

wenn der Tag sich aufrichtet und die Nacht zerfällt

bröckelt ein Bild wie eine alternde Statue

Gesichter fallen aus dem Rahmen

dein samtiges Lächeln berührte mein Herz

ich habe es weggesperrt

Poesie

Poesie

Poesie wird gerade in schwierigen Zeiten gebraucht

sie kann trösten

zur Ruhe bringen

dich herausnehmen aus deinem Alltag.

Poesie ist mächtig

erhebt sich über den Schmerz

das Leid

ja - gar über den Tod

lässt frohlocken und für jeden einzelnen

einen Sieg erringen

Poesie ist Luft und Liebe

sie kann uns stärken und führen

in unserem Tun und Denken

Losgelöst

Alles verloren
heimatlos
zeitlos
rastlos
Freunde verwelken
Tränen vereisen
mein Herz
trocknet aus
ich werde nie wieder sein

Berlin

Ich war in Berlin.

Jetzt ist Berlin in mir.

Keine weiteren Fragen sind notwendig.

Wir waren

Als du mir die Stille nahmst
ward ich geboren
        sah das Licht in deinen Augen
spürte das Schlagen deines Herzens
       einst waren wir

Träume

Was siehst du wenn du deine Augen schließt

ist es ein Licht im Dunkeln das dir der Tag verwehrt

öffnet sich der Himmel während du glaubst in der
Hölle zu sein

sind es Buchstaben die sich formen zu Wörtern die
nur du fühlst

herausgerissen aus einem Buch dessen Sinn du in
Frage stellst

wach auf und berühr mich mit deinen Träumen

den Tag und die Nacht

lass wachsen die Frucht deiner Wünsche zu ewigen
Zeit

Lyrik ist tot

es lebe

die Lyrik

Zeitreise

Angst

Angst ist ein Schmerz

der keine Linderung erfährt

Kalt wie ein Stein

Dein kalter Atem streift mich
    getragen von einem gefrorenen Herzen
    deine Nähe lässt mich frösteln

    die Nacht

kann nicht kälter sein in ihrer Dunkelheit
wenn Wassertropfen kristallisieren

  Berührungen sind Lügen

  Wahrheit wird geblendet

die Sonne die mir scheint konnte dich nicht
wärmen

so wie durch Nebel

    durch dringt es meinen Geist

  vernarbte Gedanken

die manchmal schmerzen

Verwahrloste

Sinne

Fest des Lichts

Poesie nimmt der Finsternis

       die Schwärze

und taucht sie

       in ein Fest des Lichts

Lass mich doch bitte wieder Tränen der Freude vergießen
wenn die Sirenen verstummen
der Rauch sich gelichtet
und verlorene Väter wieder zu ihren Familien finden…

Krieg

Frucht der Einsamkeit

Wenn du Einsamkeit gekostet hast

weißt du wie lieblich es schmeckt

nicht mehr alleine zu sein

Einsamkeit

Melancholie

Bilderbuch

Aus deinem Bilderbuch tropfen alte Tage

      aufgefangen

wie Perlen zu einer Kette aufgereiht
      so dicht am Herzen vom Hals herab
     trag sie gleich und wohlbehütet
   bis zum Ende deiner Tage

 wenn Perlen wieder Tropfen werden

      und den Boden nähren mit Erinnerungen

Ruhrpott

Die letzte Grubenlampe verliert den Schein

der Turm stirbt noch im Morgengrauen

die Lore

ihre letzte Fahrt

dein Puls ist schwach

nicht mehr aus Stahl

die Nächte einsam und still

kein Steiger kommt

das letzte Licht gelöscht

stolz war einst

er ist gebrochen wie der Bergleute Herzen

hast dich verändert

bist nicht mehr auf Koks

ein Friedhof im Revier

ich war nie wirklich weg

hast mich nicht gespürt

Schattenlos

Vergebung

Was habe ich bekommen

was ist ein Leben wert

gebrochene Träume kann man nicht reparieren

in fahlem Licht getränkte Worte

beschreiben meine Fehler

Schmerz den ich dir gab ist heute mein Begleiter

hinter dem Vorhang

wartet die Vergebung

wann wird er fallen

Liebe

Im Sand der Zeit

entbrannt an den Gezeiten

unter einem jungfräulichen Himmel

im Rausch der Wellen

in der Lust des Windes

Ebbe und Flut

in leichten Bewegungen schwinden die Stunden

unsere Worte treibt die Luft vor sich her

verlieren sich in der Atmung

während wir uns verlieren

im Sand der Zeit...

Bis zum letzten Atemzug

Ich werde nicht schlafen

nicht ruhen

dich zu lieben bis zum Ende der Zeit

bis das Schicksal es nicht mehr mit uns meint

wenn unsere Namen in windigen Höhen einsingen

leg ich meine Augen

ein letztes Mal auf dich

Und dann

genau in diesem einen Augenblick

wusste ich

die alten Zeiten

würden nie wiederkommen

―――――――――――――――――――

Ich trage dich in meinem Herzen durch die Zeit

mit Liebe

ungebändigtem Verlangen und Sehnsüchten

wenn es aufhört zu schlagen

war ich ein reicher Mann

Irgendwo

wartet immer ein

Stück

Erinnerung auf dich

Dein Blick

Dein erster Blick

               sprach von

     Hoffnung

                      &

Sehnsucht

Erotika

In meinen Träumen

küsste ich dich tausend Male

so weich und warm

lasziv

sinnlich

leicht bewegend

Zungen in feuchtem Tanz

dein Körper durchflutet mit Reizen

und schwerelosen Sinnen

mit meinen Händen träume ich auf deinem Körper

berühre deine wunderbare Landschaft

du atmest tief

weiche Brüste

harte Nippel

auf unstrukturierten Laken

Augen schließen sich

Hände greifen ins Kissen

Düfte umkreisen uns

es riecht nach Lust

meine Nase genießt diesen Besuch

im Dunst unserer Begierde verlangen wir uns

weiche warme Zunge hinterlässt eine feuchte Spur

während ein Fluss entsteht

        zwischen deinen Schenkeln

ich genieße das Nass und koste davon wie Dionysos

von süßen Trauben

      dein Körper bebt

verlangt nach mehr

ein Vulkan kurz vor der Eruption

weit gespreizte Schenkel

      das Tor zur Lust geöffnet

erwartet nun das Unausweichliche

und mein Phallus nimmt die Einladung an

ein Fleischgemisch

      eine Liebesschlacht tobt

während Körper sich der Nähe widmen und
verschmelzen

Es war ein einziger Sommer

der Sommer als wir es zuließen

Tage

an denen unsere Schatten uns nicht folgten

so klein

mit dem wir ringen

wie ist es groß

was mit uns ringt

seidiges Sonnenlicht

färbt blasse Haut

glänzt

übertüncht den Seelenschmerz

das Meer gehorcht dem Wind

treibt peitschend an den Strand

Spuren füllen sich mit Sand

die Zeit in Farbe getränkt

Wortlos

Geschwiegene Wörter liegen schwer

      der gleich sie doch so leicht sind

      in ihrer Bedeutung

schleichen lautlos durch den Raum

aufwärts

 abwärts

 seitwärts

      Gedanken verschicke ich

die geschwiegenen Wörter

   heimlich in Watte verpackt

Zeit

Ich bin die Zeit

die sich durch dein Leben schleicht

unaufhörlich

bedingungslos

für Augenblicke stehe ich still

in Momenten rase ich

bis die eben noch frische Liebe

sehr lange bei Dir weilte

jetzt liegen beide im Staub

Immer

Etwas bleibt

immer

auch wenn ich gehe

Augenblick

Meistens

ist der erste Blick ein Versuch

    während der zweite dir schon offenbart

welch Unwahrheit hinter dem

    Ersten steckt

Warten auf den Sommer

Und im Herbst kann man froh sein

wenn man sich hat

wenn der Wind um die Häuser schleicht und die Kälte ans
Fenster klopft

das Laub zu einem Haufen wird und die Einsamkeit sich
darin versteckt

Kerzen in den Stuben

die den Schatten des Winters hervorrufen

und liebliche Düfte

die sich paaren

mit dem Knistern des Holzes im

Ofen

denn der Sommer ist noch weit

Raubzug

Und ich gewährte ihnen Einlass

sie nahmen sich

wonach es ihnen dürstete

mein Herz

meine Seele

meinen Verstand

eine wandelnde Hülle

die sich durch die Zeit schleift

Gedankenwerk

Gedankenwerk

Noch lebt das Leben Erinnerungen

noch weiß ich nicht

      was ich nicht mehr weiß

ich erahne die Finsternis und lebe das Licht

      die Stunden neigen sich

Gedankenwerk wird schließen

      ich trete in mich ein

Offene Türen

Wir gehen durch offene Türen

      in jedem von uns ist ein Zimmer frei

der Reiz der langen Tage

      legt kurze Nächte flach

der Fluss spiegelt den Himmel und Wolken ertrinken in der
Tiefe

      Erinnerungen malen Bilder

Zeit spricht eine alte Sprache

      imaginäre Fotos

      ein Mobile im Wind

Antworten liegen in der Art der Fragestellung

unberührte Dinge werden fassbar

1964

Garten der Liebe

Durch den Garten der Liebe

              über die Felder der Weisheit

         vorbei an Seen der Gleichgültigkeit

geschwommen im Meer der Hoffnung

        im Wald des Neides

     Großstädten des Hasses

       in Räumen der ewigen Einsamkeit

bist du mir begegnet

        als ich schon in der Hölle war

Mir

fehlt

nicht

Glanz

noch

Schönheit

in

Begleitung

Ursprung

Vergiss nie woher du kommst

    zwischen allen Verfehlungen und Wirrungen

      wirst du immer wissen

  wo dein zu Hause ist

wenn du deinem Gefühl folgst

Ewiges Band

Erinnerungen verbinden uns

bis in die Ewigkeit

es ist ein Band

das nie zerreißt

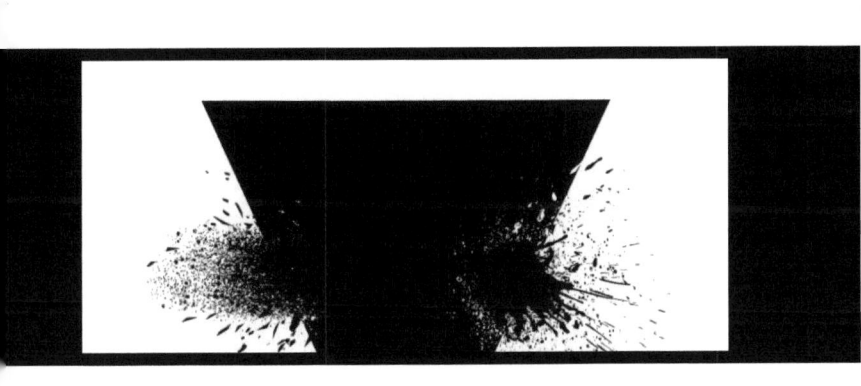

Letzter Gang

Die Erinnerung an das Endliche

beginnt bei einem Spaziergang

auf dem Friedhof

Graffiti

Im Schatten noch

von blassen Fassaden

Geschichte treibt sich herum in alten Gassen
Häuserwände zieren

       verschmähte Kunst

der Wind lernt sprechen

       peitscht durch asphaltierte Straßen

treibt die Vergangenheit vor sich her

die dann im Abendlicht an alten Mauerresten
verglüht

im Osten entsteht der Westen und im Westen spricht
man nicht über den Osten

Opfer

Weil wir Liebe und Geborgenheit suchen

sind wir leichte Opfer

Geborgenheit

Neues Leben

Das Leuchten deiner Augen

       getränkt in tiefe Finsternis

das feuergefangene Herz

           ist verbrannt

Leidenschaft blutet aus

  Liebe stirbt einen einsamen Tod

    doch wachsen soll aus diesem Schmerz

       ein neues Leben

Für immer

Ich trage dich bei mir

    du fließt durch meine Venen

        in meinen Kopf gemeißelt

    ich fand meine Insel in deinen Augen

        eine Festung in deinen Armen

    die Zeit ist vorbei

        in der wir geweint haben

    komm lass uns high werden und lieben

    dann brechen wir durch

Nichts ist

was schon immer

nichts war

Tal

Ich bin in deinem Tal

durchstreife Sehnsüchte und Träume

obwohl mein Geist es kann

sich selbst ein Tal zu erschaffen

dennoch ist es freudiger   in deinem zu verweilen

ein Traum in seidenen Strümpfen

abgerollt

bittersüße Gedanken verirren sich im Labyrinth

haarloses Dreieck   treibt Blicke

kein Wort zu viel

gelangten nicht atemlos ans Ziel

Ich ertrank heute Nacht in deinen Augen

verlor mich
in deinen Gefilden
verbarg mich in dir
Seelengeflüster
zärtlich umwoben

karge Worte verloren sich in der Lust

wir träumten unser Spiel

SEELENGEFLÜSTER

Letzte Flamme

Leidenschaft ist eine verloren gegangene Sehnsucht

welche uns am Leben hält
uns brennen lässt
bis der Sturm die letzte Flamme zu sich nimmt

Winter

Noch immer ist es dieselbe Kälte die mich frösteln
lässt

der Schnee in aller Stille fällt

ein Zauber der sich in mich schleicht

Jahr ein Jahr aus

Düfte

sanfte Stimmen schwingen durch die Nacht

Lichter durch die dunkle Zeit führen

glänzend Augen   feucht

Sternenhimmel der Mond das Weltenall

gleich geblieben   ungestillt

nur als die Tage noch jung waren

Gedanken verstreut in alle Himmelsrichtungen

Sehnsüchte an Tannenzweigen hingen

und die Zukunft sich nicht spiegelte in den Kugeln

wussten wir noch nicht wie schwer der Winter
werden wird

Horizont

Am Horizont ein dunkler Streifen

Trauer steigt wie Nebel auf

dort wo die Sonne kalt ins Wasser fällt

Tränen tropfen sanft ins Meer

in tiefem Wasser dann

kein Licht bricht dort die Finsternis

die Ruhe stört den Frieden nicht

verweil ich hier

bis das die Flut mich frei gibt

am Ende denk ich

an den letzten Kuss

Feuer meiner Wut

Mein letzter Wunsch

In meiner Sehnsucht aus langen Wegen

verlorenen Zielen

bricht die Zeit

Liebe steigt empor

wie Phoenix aus der Asche

ich starb im Feuer meiner Wut

auf dem Scheiterhaufen der Leidenschaft verglüht

nächtliche Erregung brachte den Fluch

du bist mein letzter Wunsch

mein letzter Wunsch

um glücklich zu sein

Ein Stück von dir

Am Strand

    dort wo Wellen brechen

     der Wind die See nach vorne peitscht

treibt mich Sehnsucht zu dir hin

weit entfernt liegt dein Ufer

    dort wo das Meer das Land verlässt

ein Stück von dir

       in jeder Welle

     das Rauschen

     deine Stimme

so tauch ich ein

die Flut ist kalt

nur so

     kann ich noch bei dir sein

Angst legt sich neben dich

von Einsamkeit geküsst

      Tränen streicheln dein Gesicht

   auf Gedanken gebettet

                      Träume

   lassen Dich ersticken

fragst Du dich

warum ich ?

Abschied

Abschied

ist immer ein Verlust

        ein kleines Stück

  von deinem Herzen

wie groß

     sind unsere Herzen noch

Zeitgeschichte

Wie bin ich doch so klein und nichtig
zwischen all den Riesen
Statuen glänzen herab von ihren Sockeln
Alleen von großen Gebäuden säumen die Straße
Geschichte marschiert vorbei
Stiefel stampfen auf im Gleichschritt
ein Echo das uns begleitet
im Sonnenlicht auf dem Weg zum Tor
andere Bedeutung
Säulen aus der Vergangenheit
behangen mit Regenbogenflaggen
die Geschichte lehrt uns

Manchmal klopft er an die Tür

dann wäre ich bereit

manchmal

Reise

Reisen tut gut

       so bleibt die
Ferne immer in der
Nähe

Momentaufnahme

Schönheit ist ein Moment

      ein Augenblick

der im Nächsten

      schon wieder im Nichts

verschwindet

Bedenke

Wir werden nichts mehr verändern können

und es wird nie wieder so sein

wie es einmal war

bedenke

was du tust

Möglichkeit

Obgleich der Dinge

die da kommen werden

empfangen wir sie als Freunde

und geben ihnen die Möglichkeit

auch solche zu bleiben

Lippenstift

Blutrot

        wunderschön

            aus der Ferne sah ich dich

       Blicke so sanft

seidiges Erlebnis

        aus einem überfüllten Traum

  trittst du heraus

       lasziver Mund

          orales Spiel der Zungen

       dein Lippenstift

er haftet noch

Rosenblätter

Und wenn ich dich träumte

       verneigten sich die Rosen

und ließen dich

       auf ihren Blättern ruhen

Zeitalter

Geschichte

Wenn dich Geschichte so sehr berührt

das du annähernd

den Schmerz

das Leid

die Freude spüren kannst

dann bist du ein Teil von ihr

Unbekannt

Manchmal schrieb ich dir

      die schönsten Worte

          verpackt

in feinster Seide

          auf eine Karte

die ich nicht verschickte

              so türmen sich die Zeilen

stapelt sich Papier

          in der Hoffnung

das es dich wirklich gibt

Kalter Atem

Der Sommer verläuft sich
      in die Gefilde des Herbstes
            samtige Hände brauchen nun Schutz

Körper verblassen im Schatten der fallenden Blätter
            ein neues Kapitel tut sich auf

bunte Regenschirme treffen sich im fließenden Nass

      der Wind hinterlässt einen kalten Atem

Mondscheinfahrt

Am Horizont erlischt die Sonne

verliert sich dort im Meer

Wellen sich zur Ruhe begeben

verliert der Wind die Macht

der Tag sich willenlos ergibt

und das Abendrot die Stille gebärt

öffnet die Nacht ihr Fenster

und Sterne finden Einlass

der Mond sich spiegelt

auf des ruhigen Wassers

treten wir die Reise an

Mondscheinfahrt

Tiefste Stille

Und ich liebe es

      für dich tot zu sein

dann bin ich nicht allein

   als du ins Wasser gingst

         um diesen Schmerz zu töten

ich finde dich in tiefster Stille

     größter Dunkelheit

       zusammen in der Ewigkeit

Gefroren

Sehnsüchte

fallen wie Laub von den Bäumen

                    auf den Boden der Realität

der Sommer war

Melancholie zieht ein

in die Köpfe und Herzen unter den letzten Linden

                    noch ruht der See

dem Sonntagstreiben der Verbliebenen

bevor Kälte das Wasser gefrieren lässt

mein Herz im Winterfrost gefangen

glänzend wie in einem Eisblock

wartet es

                    auf eine wärmende Hand

Endlose Schleifen

Ich weine leise in die Tage

        gefühlt der tiefen Schmerzen

das Leid schlägt um sich

        und verletzt zu tief

zeitlos ist die Trauer

        die ständig neue Nahrung findet

in endlosen Schleifen

    zieht es uns durch die Zeit

Vertrau Dir

Du siehst ein Blatt zu Boden schweben und glaubst zu wissen

woher der Wind weht

du nimmst eine Stimme wahr und glaubst der Worte

folgen zu müssen

deine Wahrnehmung ist eine Täuschung

       weil du

            dir selbst nicht vertraust

Furcht

Und ich fürchte mich

      vor deren Tagen

      Tagen

die kommen werden

       eines Nachts

Mobile

Erinnerungen malen Bilder

      Zeit spricht eine alte Sprache

imaginäre Fotos

        ein Mobile im Wind

Adieu

An jenen Tagen

wenn ich die bittere Frucht der Einsamkeit koste

Träume sich auflösen

schreibe ich dich auf Papier

aber mit welchen Worten fange ich an

vielleicht mit deinem letzten

Adieu

Ich bin der Anfang

& das Ende

   der Grund

& auch die Schuld

Unbeschriebenes Blatt Papier

Vielleicht des Nachts

        im Schein der Kerze

    fließen ungeahnte Zeilen

        in den stillen Wänden

    jagt ein Wort das andere

        geführt den Stift mit Leichtigkeit

    und male ein Bild mit Worten

        ein unbeschriebenes Blatt Papier

bist du nun nicht mehr

Wir sind

Ich bin dein Licht

durch welches Du leuchtest in neuem Glanz

du bist meine Seide

die mich kleidet und in neuem Gewand

mich wieder

finden lässt

ich glaube wir sind

ich glaube wir werden immer sein

Jeder Mensch
ist ein Stück Freiheit

Achilles

Das Lied des Achilles

           klingt leise über das Feld

während die Nacht wartet

           im Schatten der Feuer

Götter – führen Regie

           Marionetten

Streitwagen mit goldenem Prunk

glänzen in der Sonne

           es dürstet nach Blut

bis Odysseus die Segel setzt

Irgendjemand

ruft

nach mir

Ein letztes Mal

sie waren schon fort

ich werde ihnen folgen

\-   zu gegebener Zeit

Jetzt

sind wir

wir werden nie wieder so sein

Unverstanden

Ich mag nicht eilen durch die Zeit

ich mag nicht schweigen durch die Zeit

       doch bin ich nicht verdammt

das zu tun

       denn geschwiegene Wörter

werden nicht verstanden

Ich lernte dich kennen

        weit draußen

persönlich

        du hast gesagt

du wärst der Teufel

Feuerwasser

Ich lebte in Angst

                Feuerwasser

entbrannte in dir

                ein ungebührendes Verhalten

eine Maske die du trägst

                am späten Abend

Kleid voller Leben

Halt mich noch einmal

        bevor die Tür sich schließt

und du meine Welt verlässt

        eine letzte Zigarette

der blaue Dunst

  paart sich

        mit deinem Duft

der noch im Raum schwebt

            dann fallen Lichter

in diesem Kleid voller Leben

        werde ich dich wohl nie wieder sehen

Götterblut

Du glühst im Lichte Feuerrot

der Rosen Farbe

Götterblut

in meinem Garten

ein letztes Beet

mir in Begleitung auf der stillen Reise

bis die Blätter nicht mehr glühen

und der Sturm in Hader

die Blätter treibt